拍子抜けするほどかんたんなのに、絶品"常備肉"

低温オーブンの肉料理

低温オーブンの
調理って！？

予熱なしのオーブンに
そのまま入れて

100℃に設定して90分

粗熱が取れるままで
オーブン庫内で休ませて

１〜２日
漬けだれに漬け込み

直火でこんがり数分焼いたら

でき上がり！

「常備肉」は幸せへの第一歩

「えっ!? もうあと5品で終了?」
この本の制作時、予定していたスケジュールよりも
はるかに早く撮影が終わりました。
そのとき、「常備肉」ってやっぱり便利! と改めて確信したのです。
いつもより早く料理が仕上がるのは、
あらかじめ肉に火が入っているため。
火が通るまで待ったり、気にしなくてよいからでした。

約15年前のこと。
湯煎調理でローストポークを作ろうと思い、
スーパーで塊肉を買ってきました。
その頃、子どもはまだ赤ん坊。
家に帰り、オムツを替えたり、寝かしつけていたら、
冷蔵庫に入れ忘れた塊肉は、すっかり常温に…。
疲れ果てていた私は「とりあえず低温で焼いてみよう…」と、
なかばやけっぱちの気持ちで塊肉をオーブンに放り込みました。
少し悩んで100℃で90分に設定。
時間はかかるけど、その間は好きなことができる!
そう思いました。
結果は思いがけず大成功。肉もみずみずしく、とてもおいしい!

この作り方なら、片手間でも作れると、興奮したのを覚えています。
それから何年も作り続けてブラッシュアップしてできたのが、
この本に掲載されているレシピたちです。

忙しくても、とりあえずオーブンへ。
とびきりおいしい常備肉さえ冷蔵庫にあれば、
毎日はきっと幸せに流れていきます。
                                                今井真実

CONTENTS

●肉を仕込む前に

・小さじ 1 は 5ml、大さじ 1 は 15ml、1 カップは 200ml です。
・「適量」はちょうどよい分量、「適宜」は好みで入れなくてもよいということです。
・ごく少量の調味料の分量は「少々」または「ひとつまみ」としています。「少々」は親指と人差し指でつまんだ分量で約小さじ 1/8 です。「ひとつまみ」は親指と人差し指、中指でつまんだ分量で小さじ 1/5 ～ 1/4 です。
・野菜類は特に指定のない場合は、洗う、むくなどの作業を済ませてからの手順を説明しています。

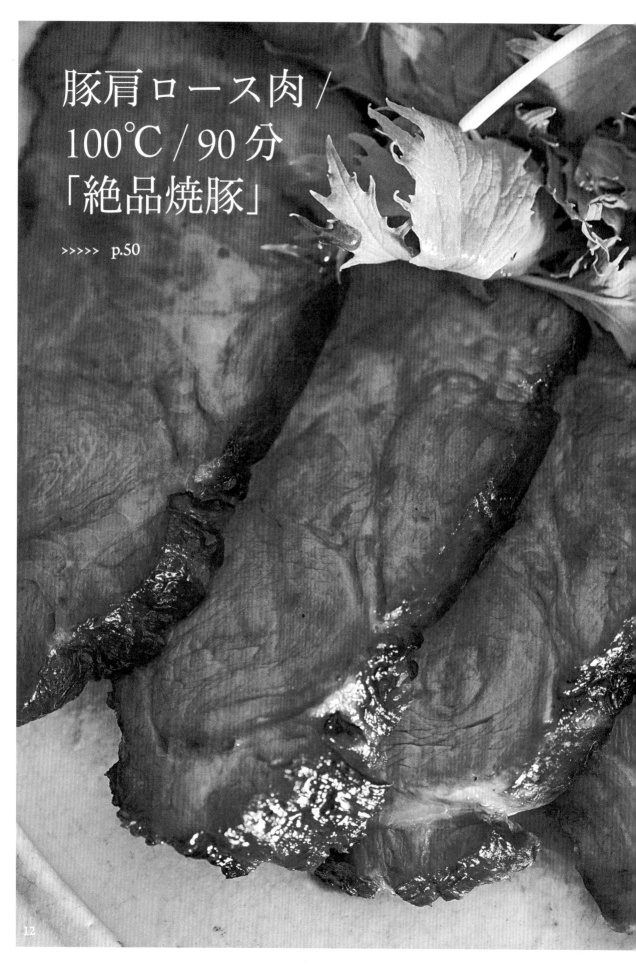

豚肩ロース肉 / 100℃ / 90分 「絶品焼豚」

>>>>> p.50

「絶品焼豚」で
北京ダック風

作り方 >>>> p.51

「絶品焼豚」で
香港風焼豚丼

作り方 >>>>> p.52

14

「絶品焼豚」で
焼豚NEWめん

作り方 >>>>> p.53

「絶品焼豚」で炒飯

作り方 >>>>> p.53

豚肩ロース肉 /
100℃ / 90分
「絶品ローストポーク」

>>>>> p.54

「絶品ローストポーク」で
キューバサンド

作り方 >>>> p.55

「絶品ローストポーク」で
厚切りとんかつ
作り方 >>>>> p.56

「絶品ローストポーク」で
ポテトサラダ

作り方 >>>>> p.57

「絶品ローストポーク」で
ポークカレー

作り方 >>>>> p.57

19

豚もも肉 / 100℃ / 90分
「レモンローストポーク」

>>>>> p.58

「レモンローストポーク」で
ねぎとミント 熱々油がけ

作り方 >>>>> p.59

「レモンローストポーク」で
かぶのとろとろグラタン

作り方 >>>>> p.60

「レモンローストポーク」で
ひじきとレモンローストポークの
オリーブオイル和え

作り方 >>>>> p.60

「レモンローストポーク」で
手巻き寿司

作り方 >>>> p.61

「レモンローストポーク」で
お節のひと皿

作り方 >>>>> p.61

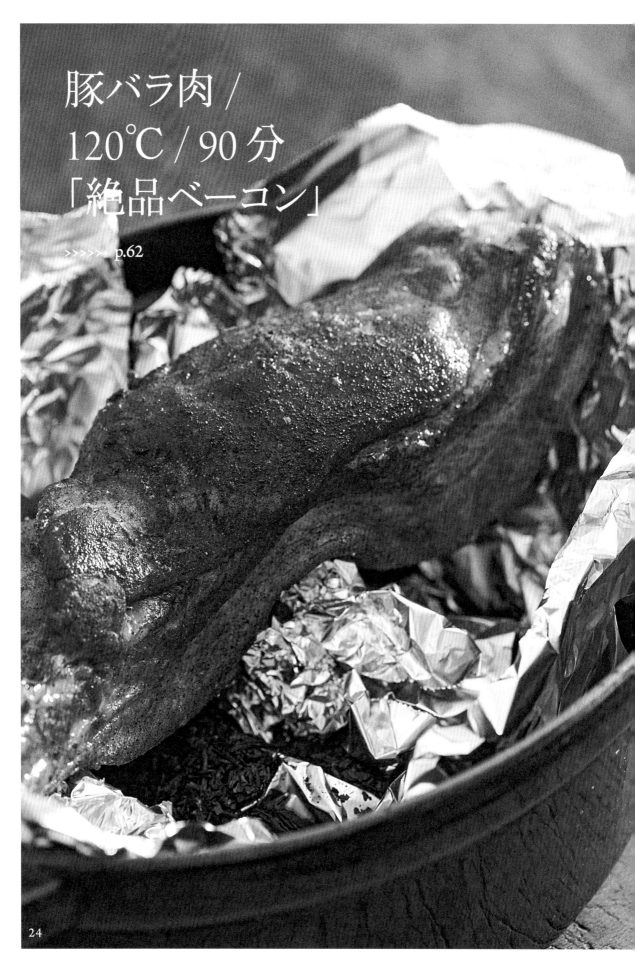

豚バラ肉 /
120℃ / 90分
「絶品ベーコン」

>>>>> p.62

「絶品ベーコン」で
ブロッコリーのくたくた煮

作り方 >>>>> p.64

「絶品ベーコン」で
ベーコンキャベツエッグ

作り方 >>>>> p.64

「絶品ベーコン」で
アマトリチャーナパスタ

作り方 >>>>> p.65

「絶品ベーコン」で
ベーコンと筍、ゴルゴンゾーラソース
作り方 >>>>> p.65

「絶品ベーコン」で
牡蠣のカリカリベーコンがけ

作り方 >>>>> p.66

「絶品ベーコン」で
ベーコンとさつまいもの
ミルクスープ

作り方 >>>>> p.66

「絶品ベーコン」で
ベーコン豚汁

作り方 >>>>> p.67

「絶品ベーコン」で
ベーコン南蛮そば

作り方 >>>>> p.67

鶏むね肉 /
100℃ / 90分
「絶品ローストチキン」

>>>>> p.70

「絶品ローストチキン」で
ローストチキンのブルーベリー添え

作り方 >>>>> p.71

「絶品ローストチキン」で
棒棒鶏

作り方 >>>> p.71

「絶品ローストチキン」で
鶏天冷やしうどん

作り方 >>>>> p.72

「絶品ローストチキン」で
ミニトマトのスープ

作り方 >>>>> p.73

「絶品ローストチキン」で
りんごと春菊、チーズのサラダ

作り方 >>>>> p.73

鶏むね肉 /
100℃ / 90分
「醤油ローストチキン」

>>>>> p.76

「醤油ローストチキン」で
チキンとレタスのカレーマヨネーズサラダ

作り方 >>>>> p.78

「醤油ローストチキン」で
スピード唐揚げ

作り方 >>>>> p.78

「醤油ローストチキン」で
なすのとろとろ煮
作り方 >>>>> p.79

「醤油ローストチキン」で
にら鶏飯
作り方 >>>>> p.79

鶏むね肉 /
100℃ / 90分
「パプリカローストチキン」

>>>>> p.82

「パプリカローストチキン」で
レモンピラフプレート

作り方 >>>> **p.84**

「パプリカローストチキン」で
チキンコールスロー

作り方 >>>> p.84

「パプリカローストチキン」で
レンズ豆とパセリのサラダ

作り方 >>>> p.84

「パプリカローストチキン」で
チキンピタサンド

作り方 >>>>> p85

牛もも肉 /
100℃ / 70分
「絶品ローストビーフ」

>>>>> p.88

「絶品ローストビーフ」で
ローストビーフ マッシュポテト添え

作り方 >>>>> p.90

「絶品ローストビーフ」で
タリアータ

作り方 >>>>> p.90

「絶品ローストビーフ」で
肉寿司

作り方 >>>> p.91

「絶品ローストビーフ」で
ローストビーフ丼
作り方 >>>>> p.91

「絶品ローストビーフ」で
青じそローストビーフサンド
作り方 >>>>> p.91

45

牛もも肉 /100℃ / 70分
「発酵ローストビーフ」

>>>>> p.92

「発酵ローストビーフ」で
ユッケ風

作り方 >>>>> p.93

「発酵ローストビーフ」で
エスニックビーフサラダ

作り方 >>>> p.94

「発酵ローストビーフ」で
ローストビーフと玉ねぎの柚子胡椒マリネ

作り方 >>>>> p.94

「発酵ローストビーフ」で
青椒肉絲

作り方 >>>>> p.95

「絶品焼豚」 >>>>> p.12

食べた人みんなが目を見開いて絶賛！ この焼豚は一生作りたくなる一品です。だってかんたんで、とってもおいしい。どんな人に出しても喜ばれて、自分自身も嬉しくなるんです。コツは最後の仕上げで思い切り表面を焼いて焦がすこと。パリッとした表面としっとりやわらかな肉質とのコントラストが実によいのです。切り分けたあとも、漬けだれに浸しておけば日持ちします。お弁当には脂の少ないもも肉がおすすめ。甘めのたれなので、お好みで醤油を足しても。

材料（作りやすい分量）
豚肩ロース肉（ブロック）
　……… 500g
漬けだれ
　┌ 醤油 ……… 1/4 カップ
　│ 砂糖 ……… 1/4 カップ弱
　│ 紹興酒（または日本酒）
　│ 　……… 小さじ 2
　│ おろしにんにく ……… 1/4 かけ分
　└ 八角 ……… 1 かけ（またはシナモンパウダー少々で代用）
好みの葉野菜 ……… 適宜

作り方
1. 豚肉は室温に 15 〜 30 分戻し、ペーパータオルで水気をよくふく。
2. オーブンシートを敷いた天板の上に網を重ね、豚肉をのせる。網がなければ、くしゃくしゃに丸めて広げたアルミホイルでもよい。
3. 予熱なしのオーブンに 2 を入れる。オーブンの温度を 100℃に設定し、90 分焼く。焼き上がったら粗熱が取れるまでオーブン庫内で休ませる。
4. 豚肉を取り出し、アクと肉汁をペーパータオルでふく。
5. ポリ袋に豚肉と漬けだれの材料を入れる。なじませるように漬けだれを混ぜ、空気を抜いて口を縛る。冷蔵庫に入れ、1 〜 2 日漬け込む（5 日まで漬け込んでもよい）。

〔食べる直前〕

1. ペーパータオルで焼豚の汁気をふく。アルミホイルを敷いた耐熱容器にのせ、魚焼きグリルまたはオーブントースターで、全面に焦げ目をつけるように焼く。脂身を思い切って香ばしく焼くのがコツ。魚焼きグリルの場合、網を取り、アルミホイルを敷いた受け皿にのせると遠火で焼ける。

2. 好みの厚さに切り、皿に盛る。好みで葉野菜を添え、煮詰めた漬けだれ（a）を回しかける。

〔残ったら〕
漬けだれに戻して保存するか、
小分けにしてラップで包み、冷蔵または冷凍する。
薄切りにして保存すると便利。

〔保存期間〕
冷蔵庫で5日、冷凍庫で1か月。

北京ダック風 >>>>> p.13

材料（2〜3人分）
絶品焼豚 ……… 150g
きゅうり ……… 1本
長ねぎ ……… 1/2本
レタス ……… 2枚
パクチー ……… 3本

半熟卵焼き
┌ 卵 ……… 2個
│ 塩 ……… ひとつまみ
└ 米油 ……… 小さじ2
北京ダックの皮
　（または春巻きの皮）……… 10枚
甜麺醤 ……… 適量（または味噌と
　はちみつを1：1で混ぜたもので代用）

作り方

1. 焼豚は小さめの薄切りにする。きゅうりは細切りにし、長ねぎはせん切りにする。レタスは大きめにちぎる。パクチーは葉を摘む。

2. 半熟卵焼きを作る。ボウルに卵を割り入れ、塩を加えてよく溶きほぐす。フライパンに油を入れて中火で熱し、十分に温まったら、溶き卵を流し入れる。周りがかたまったらゴムベラなどで大きくひと混ぜし、半熟のうちに取り出す。

3. 北京ダックの皮はラップで包み、600Wの電子レンジで10〜20秒加熱する。食べやすいように1枚ずつはがして皿にのせる。

4. 皿に1と2を盛り、北京ダックの皮と甜麺醤を添える。

香港風焼豚丼 >>>>> p.14

材料（2人分）
絶品焼豚（スライス）……… 6枚
小松菜 ……… 2株
煮卵（下記参照）……… 2個
たれ
└ 焼豚の漬けだれ ……… 大さじ1
└ 醤油 ……… 大さじ1
温かいご飯 ……… 適量

作り方
1. 小松菜は5cm幅に切る。フライパンに水を入れて沸騰させ、色が変わる程度にさっと茹でる。ザルに上げて水気をきり、水にさらして水気を絞る。たれの材料は混ぜる。
2. 器にご飯をよそい、焼豚、半分に切った煮卵、小松菜をのせ、好みの量のたれを回しかける。

焼豚の漬けだれで作る「煮卵」

材料（5個分）
卵 ……… 5個
焼豚の漬けだれ ……… 全量

作り方
1. 冷蔵庫から出したばかりの卵にガビョウなどで穴をあける。
2. フライパンに2cm深さの水を入れ、卵を入れる。
3. 蓋をして中火で熱する。沸騰したら、ときおり転がしながら8分茹でる。冷水に当てながら殻をむく。
4. 小さな鍋に茹で卵と漬けだれを入れて中火で熱する。沸騰したら、ときおり転がしながら5分ほど煮る。

焼豚 NEW めん >>>>> p.15

材料（1人分）
絶品焼豚（スライス）……… 3枚
そうめん（乾麺）……… 100g
長ねぎ ……… 5cm
水 ……… 3カップ
塩昆布 ……… 10g

米酢 ……… 小さじ 1/4
醤油 ……… 小さじ 1
ごま油 ……… 小さじ 1/4
白胡椒 ……… 少々

作り方
1. 鍋に分量の水と塩昆布を入れて中火で沸騰させる。長ねぎは小口切りにする。
2. 沸騰した湯にそうめんと酢を加えて袋の表示通りに茹でる。茹で上がる直前に醤油を加える。
3. 器によそい、焼豚と長ねぎをのせる。ごま油を回しかけ、白胡椒をふる。

炒飯 >>>>> p.15

材料（1人分）
絶品焼豚 ……… 30g
卵 ……… 1個
長ねぎ ……… 15cm
温かいご飯 ……… 150g
塩 ……… ひとつまみ

日本酒 ……… 小さじ 3
米油 ……… 小さじ 2
醤油 ……… 小さじ 1
白胡椒 ……… 少々

作り方
1. 焼豚と長ねぎは粗みじん切りにする。卵はボウルに割り入れて溶き、塩を加えて混ぜる。
2. 大きなフライパンに油を入れて強めの中火で熱し、長ねぎを入れる。じゅくじゅくしてきたら、フライパンの端に寄せる。空いたスペースに溶き卵を入れる。ひと呼吸置き、縁が焼けたらゴムベラなどで大きく混ぜ、半熟のうちにフライパンの端に寄せる。
3. ご飯を長ねぎの上にのせ、酒をふる。ゴムベラで手早くほぐしながら切るように炒め合わせる。
4. 焼豚を加えて醤油をふり、さっと炒める。皿によそい、白胡椒をふる。家にあるいちばん大きなフライパンを使うのがコツ。

「絶品ローストポーク」 >>>>> p.16

ローストポークも焼豚の作り方の応用です。豚肉は個体差があり、場合によっては匂いが強い場合も。濃く味つけをしない場合は、香味野菜やハーブ、酒類で香りをつけます。低温焼きならではの滑らかな食感、ジューシーさを堪能できます。アレンジレシピは、本当にすべて自信作。お店では食べられない、手作りだからこそ味わえるごちそうばかり。たれに漬けた状態で、キャンプで炭火焼きするのもおすすめです。

材料（作りやすい分量）
豚肩ロース肉（ブロック）……… 500g
漬けだれ
　┌ 白ワイン（または日本酒）
　│ 　……… 大さじ 1
　│ 塩 ……… 小さじ 1
　│ 砂糖 ……… 小さじ 1
　│ 黒胡椒 ……… 少々
　│ おろしにんにく ……… 2 かけ分
　└ ローズマリー ……… 1 枝（タイムや
　　 ローリエなどもおすすめ）
バター ……… 5g
好みの葉野菜……… 適宜

作り方
1. 豚肉は室温に 15 〜 30 分戻し、ペーパータオルで水気をよくふく。
2. オーブンシートを敷いた天板の上に網を重ね、豚肉をのせる。網がなければ、くしゃくしゃに丸めて広げたアルミホイルでもよい。
3. 予熱なしのオーブンに 2 を入れる。オーブンの温度を 100℃に設定し、90 分焼く。焼き上がったら粗熱が取れるまでオーブン庫内で休ませる。

4. 豚肉を取り出し、アクと肉汁をペーパータオルでふく。

5. ポリ袋に豚肉と漬けだれの材料を入れる (a)。なじませるように漬けだれを混ぜ (b)、空気を抜いて口を縛る (c)。冷蔵庫に入れ、3時間〜1日漬け込む（2日まで漬け込んでもよい）。

〔食べる直前〕

1. ペーパータオルでローストポークの汁気をふく。アルミホイルを敷いた耐熱容器にのせ、魚焼きグリルまたはオーブントースターで、全面に焼き色をつけるように焼く (d)。魚焼きグリルの場合、網を取り、アルミホイルを敷いた受け皿にのせると遠火で焼ける。

2. フライパンに漬けだれ、水大さじ5（分量外）、バターを入れて中火で熱し、とろっとするまで1分ほど煮立ててソースを作る。ローストポークを好みの厚さに切り、皿に盛る。好みで葉野菜を添え、ソースを回しかける。

〔残ったら〕　作ったソースに戻して保存するか、小分けにしてラップで包み、冷蔵または冷凍する。薄切りにして保存すると便利。

〔保存期間〕　冷蔵庫で5日、冷凍庫で1か月。

キューバサンド　>>>>> p.17

材料（1本分）

絶品ローストポーク
　（スライス） ……… 3枚
ロースハム ……… 1枚
チェダーチーズ（スライス） ……… 2枚

きゅうりのピクルス ……… 小2本
ミニフランスパン ……… 1本
マーマレード ……… 小さじ1/2
フレンチマスタード ……… 小さじ1

作り方

1. きゅうりのピクルスは縦に薄切りにする。ミニフランスパンは切り込みを入れて開き、断面の片側にマーマレード、片側にフレンチマスタードを塗る。

2. 切り口にチェダーチーズ、ピクルス、ローストポーク、ロースハムを順に挟む。

3. 2をフライパンにのせ、中火で熱する。チーズが溶けて表面がパリッとするまで上下を返して焼く。アルミホイルを被せ、皿などで重しをして潰しながら焼くと、より本格的な味わいになる。

厚切りとんかつ >>>> p.18

材料（2人分）

絶品ローストポーク ……… 200g

卵 ……… 1個

小麦粉 ……… 3/4 カップ

パン粉 ……… 適量

米油 ……… 適量

キャベツのせん切り ……… 適量

レモンのくし形切り ……… 1個

作り方

1. ローストポークは5cm幅の厚切りにする。小麦粉（分量外）をまんべんなくまぶす。

2. ボウルに小麦粉、水大さじ1（分量外）を入れ、卵を割り入れる。よく混ぜてバッター液を作る。バッター液はとろろ程度の粘度にするのがポイント。

3. バッター液をローストポークにまんべんなくまとわせ、パン粉をつける。手で触ると衣がはがれやすいので、肉に菜箸を刺して衣をつけるとよい。

4. フライパンに1cm深さの油を入れ、中火で熱する。3を入れ、すべての面を香ばしく揚げ焼きする。途中、スプーンで油をかけながら揚げるとよい（a）。

5. 表面が触れる温度になったら好みの厚さに切る。皿に盛り、キャベツとレモンを添える。

ポテトサラダ

>>>>> p.19

材料（2人分）
絶品ローストポーク ……… 20g
じゃがいも ……… 大 2 個（約 300g）
赤玉ねぎ ……… 30g
米酢 ……… 小さじ 2
オリーブオイル ……… 小さじ 1
塩 ……… 小さじ 1/2
砂糖 ……… 小さじ 1/2

作り方
1. じゃがいもはよく洗い、皮付きのまま 1cm 幅の輪切りにする。鍋にじゃがいもと被る程度の水を入れ、中火で熱する。沸騰したらそのまま 10 分ほど茹でる。
2. 赤玉ねぎは薄切りにし、ローストポークは細切りにする。
3. ボウルに赤玉ねぎ、酢、オリーブオイル、塩、砂糖を入れて混ぜる。
4. じゃがいもに菜箸を刺し、崩れるほどやわらかくなったら、ザルに上げて水気をきり、3 に加えて混ぜる。はがれたじゃがいもの皮は適宜取り除き、ローストポークを加えて混ぜる。

ポークカレー

>>>>> p.19

材料（2〜3人分）
絶品ローストポーク ……… 200g
玉ねぎ ……… 2 個
にんにく ……… 1 かけ
トマトケチャップ ……… 小さじ 3
赤ワイン ……… 1/4 カップ
水 ……… 1 と 1/4 カップ
醤油 ……… 小さじ 1
はちみつ ……… 小さじ 1
バター ……… 10g
小麦粉 ……… 10g
カレー粉 ……… 7g
塩 ……… 小さじ 1/2
米油 ……… 小さじ 3

作り方
1. 玉ねぎは薄切りにし、にんにくはみじん切りにする。ローストポークは大きめのひと口大に切る。
2. フライパンに玉ねぎとにんにくを入れ、油と塩を加えて混ぜる。蓋をして中火で熱し、蒸し炒めする。水気がなくなったら、蓋を外して玉ねぎが色づくまで炒める。
3. ローストポークとトマトケチャップを加え、酸味が飛んでねっとりとするまでよく炒める。
4. 赤ワインを加え、水気がなくなるまで煮詰めたら、分量の水を加えてひと煮立ちさせて火を止める。
5. バターと小麦粉を耐熱容器に入れ、ラップをしないで 600W の電子レンジで 30 秒加熱する。ゴムベラなどでクリーム状になるまで混ぜたら、カレー粉を加え、均一にポロポロになるまでよく混ぜる。
6. 5 をフライパンに少しずつ加え、よく溶き混ぜる。中火で熱し、醤油とはちみつを加え、とろみがつくまで煮立たせながら混ぜる。

「レモンローストポーク」 >>>>> p.20

レモン風味のローストポークは、和にも洋にもぴったり寄り添う優等生です。脂肪分が少ないため、もも肉は調理によってかたくなる印象がありますが、この方法だとやわらかで噛めば噛むほど旨みが溢れます。ハムのように気軽に使うことができるのも嬉しいところ。ライムや柚子など、お好みの柑橘系でアレンジができます。このローストポークは仕上げに焼きつけません。フレッシュな香りを楽しんで。

材料（作りやすい分量）
豚もも肉（ブロック）……… 500g
醤油 ……… 大さじ 1
みりん ……… 大さじ 1
レモン ……… 1/2 個

作り方
1. 豚肉は室温に 15 〜 30 分戻し、ペーパータオルで水気をよくふく。
2. オーブンシートを敷いた天板の上に網を重ね、豚肉をのせる。網がなければ、くしゃくしゃに丸めて広げたアルミホイルでもよい。
3. 予熱なしのオーブンに 2 を入れる。オーブンの温度を 100℃に設定し、90 分焼く。焼き上がったら粗熱が取れるまでオーブン庫内で休ませる。
4. 豚肉を取り出し、アクと肉汁をペーパータオルでふく。
5. ポリ袋に豚肉、醤油、みりん、レモンを搾り入れ、皮も入れる。なじませるように漬けだれを混ぜ、空気を抜いて口を縛る。冷蔵庫に入れ、1 〜 2 日漬け込む（5 日まで漬け込んでもよい）。食べる際は好みの厚さに切る。

〔 残ったら 〕
漬けだれに戻して保存するか、小分けにしてラップで包み、冷蔵または冷凍する。
薄切りにして保存すると便利。

〔 保存期間 〕
冷蔵庫で 5 日、冷凍庫で 1 か月。

ねぎとミント 熱々油がけ

>>>>> p.20

材料（2人分）
レモンローストポーク（スライス）……… 100g
青ねぎ ……… 2本
スペアミントの葉 ……… 2g
米油 ……… 大さじ1
ラー油 ……… 適量
塩 ……… ひとつまみ

作り方
1. 青ねぎは斜め薄切りにし、スペアミントの葉は粗く刻む。レモンローストポークとともに皿に盛る。
2. フライパンに米油を入れて煙が出るまで強火で熱し、1 に回しかける。
3. ラー油をかけ、全体に塩をふる。

かぶのとろとろグラタン >>>>> p.21

材料（2人分）

レモンローストポーク ……… 50g　　　牛乳 ……… 3/4 カップ

長ねぎ ……… 1本　　　はちみつ ……… 小さじ 1/2

かぶ（葉付き）……… 1個　　　塩 ……… 小さじ 1/4

バター ……… 10g　　　シュレッドチーズ ……… 40g

小麦粉 ……… 小さじ 2

作り方

1. 長ねぎは斜め薄切りにする。かぶは 1cm 幅のいちょう切りにし、茎と葉は 5cm 幅に切る。レモンローストポークは短冊切りにする。

2. フライパンに長ねぎとバターを入れて中火で熱し、こんがりするまで炒める。

3. かぶを加え、小麦粉をふり入れてすぐに混ぜる。粉気がなくなったら、牛乳を少しずつ加えてとろっとするまで混ぜる。

4. かぶの茎と葉を加え、ひと煮立ちさせたらはちみつと塩で味を調える。

5. ローストポークを加え、火を止めてひと混ぜする。耐熱皿に入れ、シュレッドチーズをのせてオーブントースターでこんがりするまで 5 分ほど焼く。

ひじきとレモンローストポークの
オリーブオイル和え >>>>> p.21

材料（2人分）

レモンローストポーク ……… 20g　　　オリーブオイル ……… 小さじ 1

小松菜 ……… 2株　　　醤油 ……… 小さじ 2

ひじき（戻したもの）……… 40g　　　練りからし（チューブ）……… 1cm

作り方

1. 小松菜は 5cm 幅に切り、水にさらす。レモンローストポークは細切りにする。

2. 小松菜の水気をきり、耐熱ボウルに入れてラップを被せる。600W の電子レンジで50 秒加熱する。再度水にさらし、水気をよく絞る。

3. ボウルに小松菜、ローストポーク、ひじき、オリーブオイル、醤油、練りからしを入れてよく混ぜる。

手巻き寿司 >>>>> p.22

材料（2〜3人分）
レモンローストポーク ……… 120g
アボカド ……… 1個
貝割れ大根 ……… 適量
青じそ ……… 5〜8枚
柴漬け ……… 適量
ごぼうの醤油漬け（斜め薄切り）
　　……… 適量

梅干し……… 適量（種を取る）
酢飯* ……… 2合分
焼き海苔 ……… 10枚
おろしわさび ……… 適量
醤油 ……… 適量

*寿司酢がない場合は米酢1/4カップ、砂糖大さじ1と1/2、塩小さじ1を混ぜて寿司酢を作り、大さじ4を炊き立てのご飯2合分に混ぜる。

作り方
1. アボカドは角切りにし、醤油小さじ2とおろしわさび適量とよく混ぜ合わせる。レモンローストポークは細切りにする。
2. 1、貝割れ大根、青じそ、柴漬け、ごぼうの醤油漬け、梅干しを皿に盛る。海苔に酢飯と具材をのせて巻き、わさび醤油につけて食べる。好みの漬物を添えても。

お節のひと皿 >>>>> p.22

材料（1人分）
レモンローストポーク ……… 100g
黒豆煮 ……… 適量

紅白なます
　大根 ……… 1/2本（約500g）
　にんじん ……… 1/3本（約50 g）
　米酢 ……… 大さじ4
　砂糖 ……… 大さじ2
　塩 ……… 適量

作り方
1. 紅白なますを作る。大根とにんじんはせん切りにする。別々のボウルに入れ、大根に塩大さじ1/2、にんじんに塩少々をふり、さっと混ぜる。
2. 10分ほど置いたら水気を絞る。ボウルに大根とにんじんを合わせ、酢、砂糖、塩小さじ1/3を加えて混ぜる。
3. レモンローストポークを薄切りにし、汁気をきった紅白なます、黒豆煮とともに皿に盛り合わせる。

61

「絶品ベーコン」 >>>>> p.24

ベーコンは燻すイメージがありますが、こんな風に塩漬けして茶葉の香り
をつけながら焼くだけで「ローストポーク風ベーコン」ができ上がります。
切り分けてから、フライパンなどで焼いたり、炙るのがコツです。香ばし
い香りがつき、さらにベーコンらしい味わいになります。私は作ったら、と
にかくすぐに冷凍。脂身が多い部分は別にしておき、餃子の餡を作るとき
に混ぜ込んだり、炒め物のラード代わりにします。

材料（作りやすい分量）
豚バラ肉（ブロック肉）……… 500g
塩 ……… 大さじ 1
砂糖 ……… 大さじ 1
オールスパイス
　（または好みのスパイス）……… 小さじ 2
白胡椒 ……… 小さじ 1
茶葉（ほうじ茶、紅茶、ウーロン茶、
　緑茶など）……… 大さじ 3

作り方
1.　豚肉全体に塩、砂糖、オールスパイス、白胡椒をま
　　んべんなくすり込む（a）。20〜30分そのまま室温に
　　置き（b）、出てきた水分をペーパータオルでふく（c）。
2.　オーブンで使える厚手の鍋の底にアルミホイルを敷
　　き、中央に茶葉を置く。豚肉を入れたときに茶葉が
　　肉に触れないようにアルミホイルを丸めたものを鍋の
　　両端に置いて土手を作り、その上に豚肉をのせる（d）。
3.　予熱なしのオーブンに蓋をせずに 2 を入れる。オー
　　ブンの温度を 120℃に設定し、90 分焼く。焼き上がっ
　　たら粗熱が取れるまでオーブン庫内で休ませる。

〔 残ったら 〕
小分けにしてラップで包み、冷蔵または冷凍する。
薄切りにして保存すると便利。

〔 保存期間 〕
冷蔵庫で 5 日、冷凍庫で 1 か月。

ブロッコリーのくたくた煮 >>>>> p.25

材料（作りやすい分量）
絶品ベーコン ……… 30g
玉ねぎ ……… 1/6 個
ブロッコリー ……… 小 1 株（約 150g）
にんにく ……… 1 かけ
ローリエ ……… 2 枚
オリーブオイル ……… 大さじ 1
水 ……… 2 カップ
塩 ……… 小さじ 1/4

作り方
1. ブロッコリーとにんにくはみじん切りにする。玉ねぎとベーコンは粗みじん切りにする。
2. 鍋に 1、ローリエ、オリーブオイル、分量の水、塩を入れ、蓋をして中火で熱する。
3. 15 分ほど蒸し煮にしたら蓋を外し、強火にして水気が飛ぶまで煮詰める。

ベーコンキャベツエッグ

>>>>> p.25

材料（1 人分）
絶品ベーコン
　（スライス）……… 2 枚
卵 ……… 1 個
キャベツ ……… 2 枚
オリーブオイル ……… 大さじ 1
塩 ……… 2 つまみ
トースト ……… 2 枚
レモンのくし形切り ……… 1 個

作り方
1. キャベツは大きめに手でちぎる。
2. フライパンにオリーブオイルを入れ、中火で熱する。キャベツを色が変わる程度にさっと炒めて塩ひとつまみをふり、皿に盛る。
3. 同じフライパンにベーコン、卵を割り入れる。好みの焼き加減で焼いたら、塩ひとつまみをふる。2 の皿にのせ、トーストとレモンを添える。

アマトリチャーナパスタ >>>> p.26

材料（1人分）
絶品ベーコン ……… 30g
ミニトマト ……… 5個
玉ねぎ ……… 1/4個
にんにく ……… 1かけ
鷹の爪 ……… 1本
トマトピューレ ……… 大さじ5
オリーブオイル ……… 大さじ1/2
塩 ……… ひとつまみ
スパゲッティ ……… 100g
パルミジャーノ・レッジャーノ
　　……… 適量

作り方
1. ミニトマトは半分に切る。玉ねぎは薄切りにする。にんにくはみじん切りにし、鷹の爪はちぎって種を取る。ベーコンは5mm幅に切る。
2. フライパンにオリーブオイル、にんにく、鷹の爪を入れて弱火で熱する。香りがしてきたら、玉ねぎとベーコンを加え、中火にして色づくまで炒める。
3. ミニトマト、トマトピューレ、塩を加えて混ぜ、ミニトマトがやわらかくなったら火を止める。
4. 鍋に水1ℓ（分量外）を沸騰させ、塩小さじ2（分量外）を加えた湯で、スパゲッティを袋の表示時間より1分短めに茹で、3のフライパンに加える。
5. 中弱火にかけながら混ぜ、水分が足りないようであれば、水適量（分量外）で調整する。皿に盛り、好みの量のパルミジャーノ・レッジャーノを削ってふる。

ベーコンと筍、ゴルゴンゾーラソース >>>> p.27

材料（2人分）
絶品ベーコン ……… 50g
茹で筍 ……… 100g
生クリーム ……… 1/4カップ
ブルーチーズ ……… 20g
黒胡椒 ……… 適量
はちみつ ……… 適量

作り方
1. ベーコンは1cm幅の薄切りにする。筍は1〜2cm幅のくし形切りにする。
2. フライパンに筍を並べ、空いたスペースにベーコンを入れて中火で熱する。
3. 筍の水気が飛び、こんがりするまで全体を焼く。
4. 生クリーム、ブルーチーズをちぎりながら加え、とろっとするまで煮詰める。
5. 味を見て、足りなければ塩適量（分量外）で調える。黒胡椒をたっぷりふり、はちみつをひと回しかける。

牡蠣のカリカリベーコンがけ >>>>> p.28

材料（2〜3人分）
牡蠣（加熱用）……… 5個
オリーブオイル ……… 大さじ 1/2
カリカリベーコン
　　絶品ベーコン ……… 50g
　　パセリのみじん切り
　　　……… 大さじ 2
　　にんにく ……… 2かけ
　　パン粉 ……… 大さじ 2
　　バター ……… 20g

作り方
1. 牡蠣は塩水（分量外）でよく洗い、水気をペーパータオルでふく。
2. カリカリベーコンを作る。ベーコンはみじん切りにし、にんにくはすりおろす。
3. フライパンにバター、ベーコン、にんにくを入れ、中弱火で熱する。香りがしてきたら、パセリとパン粉を加える。カリカリになるまで炒めたら一度取り出す。
4. 同じフライパンをペーパータオルでさっとふく。オリーブオイルと牡蠣を入れ、中火で熱する。両面をぷっくりするまで焼く。
5. 牡蠣を皿によそい、カリカリベーコンをたっぷりかける。

ベーコンとさつまいものミルクスープ >>>>> p.28

材料（2人分）
絶品ベーコン ……… 40g
さつまいも
　　……… 中1個（150g〜250g）
玉ねぎ ……… 1個
バター ……… 5g
水 ……… 1カップ
牛乳 ……… 2カップ
塩 ……… 小さじ 1/2

作り方
1. さつまいもは皮をむき、1cm 幅に切る。水を張ったボウルにさらす。
2. 玉ねぎとベーコンは粗みじん切りにする。
3. 鍋にバターを入れ、中火で熱する。バターが溶けたら、ベーコンと玉ねぎを炒める。玉ねぎがしんなりしたら、分量の水と水気をきったさつまいもを加える。沸騰したら15分ほど蓋をして蒸し煮する。
4. さつまいもがやわらかくなったら、水気がなくなるまで煮詰める。
5. 牛乳を加え、ひと煮立ちさせて塩で味を調える。

ベーコン豚汁 >>>>> p.29

材料（2～3人分）
絶品ベーコン ……… 50g
もやし ……… 1袋
とうもろこし（缶詰）……… 50g
にんにく ……… 1かけ
水 ……… 2と1/2カップ
日本酒 ……… 1/4カップ
オイスターソース ……… 大さじ1/2
味噌 ……… 大さじ2
黒胡椒 ……… 適宜

作り方
1. にんにくとベーコンは薄切りにする。
2. 鍋に1、もやし、とうもろこし、分量の水、酒、オイスターソースを入れる。蓋をして中火で熱し、沸騰したら5分ほど蒸し煮する。
3. 味噌を溶かし入れ、器によそう。好みで黒胡椒をふってもよい。

ベーコン南蛮そば >>>>> p.29

材料（1人分）
絶品ベーコン（スライス）……… 40g
長ねぎ ……… 1/2本
しめじ ……… 1/4パック
麺つゆ（つゆだれの濃度に
　薄めたもの）……… 1カップ
米油 ……… 小さじ1/2
そば（乾麺）……… 110g
おろししょうが ……… 適量

作り方
1. 長ねぎは4cm長さに切る。しめじは石づきを落としてほぐす。
2. 鍋に油、ベーコン、長ねぎを入れ、中火で熱する。ベーコンの両面をこんがりするまで焼く。
3. しめじと麺つゆを加え、ひと煮立ちさせる。
4. 別の鍋に水を入れて沸騰させ、袋の表示通りにそばを茹でる。ザルに上げて流水で洗い、水気をきる。
5. そばとつゆをそれぞれ器に盛り、おろししょうがを添える。

·

"時間がないときに"
ご飯が進む
「スペアリブとかぼちゃの BBQ」

近所のスーパーにはいつもスペアリブとカットかぼちゃが売られていて、ある日一緒に焼いてみたところ大成功! 余りがちなスイートチリソースもソースに使うと、あっという間になくなります。よく考えると、甘味や酸味、にんにくの風味がお肉料理にぴったりなんですよね。スパイシーな甘辛味はおもてなしにもおすすめ。これをすべてお鍋に入れて同様の温度と時間でオーブンで焼くと、脂が鍋にたまり、コンフィのようになっておいしいです。

材料（2〜3人分）
豚スペアリブ ……… 600g
かぼちゃ ……… 150g
ソース
　┌ スイートチリソース
　│　 ……… 大さじ 2
　│ 醤油 ……… 大さじ 2
　│ カレーパウダー
　└　 ……… 大さじ 1 と 1/2

作り方
1. 豚スペアリブはペーパータオルで水気を
   よくふき、骨と肉の間に切り込みを入れる。
2. ボウルにソースの材料を入れて混ぜる。
   スペアリブを加えて混ぜ（a）、室温に 40
   分置く。
3. かぼちゃは 1cm 厚さに切る。
4. 天板にオーブンシートを敷いてかぼちゃ
   を並べ、その上にスペアリブをのせる。
5. 予熱なしのオーブンに 4 を入れる。オー
   ブンの温度を 200℃に設定し、25 分焼く。

「絶品ローストチキン」 >>>> p.30

焼いているときから幸せを感じるのが、このローストチキン。チーズのような濃厚な香りがオーブンから溢れます。でき立ては、はじっこをちぎっていつも思わず味見をしてしまいます。皮の独特な食感もたまりませんよ。私はその日にすぐ食べるのがいちばん好きですが、お料理に使ってもしっとりしたまま。このローストチキンをさっと揚げ焼きする鶏天はまるでお店の味だし、スープに使えばこれだけでこんないい味に！と感激します。

材料（作りやすい分量）
鶏むね肉 ……… 2枚（約600g）
マリネ液
   塩 ……… 6g（鶏肉の重量の1%）
   プレーンヨーグルト ……… 大さじ5
   おろしにんにく ……… 1/2かけ
   白胡椒 ……… 適量

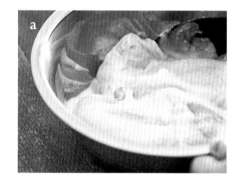

作り方
1. ボウルにマリネ液の材料を入れて混ぜる。
2. 鶏肉はペーパータオルで水気をふき、**1**に加えて室温に30分置く（a）。
3. オーブンシートを敷いた天板の上に網を重ねる。マリネ液をふかずに**2**をのせ、皮をピンと伸ばす（b）。網がなければ、くしゃくしゃに丸めて広げたアルミホイルでもよい。
4. 予熱なしのオーブンに**3**を入れる。オーブンの温度を100℃に設定し、90分焼く。焼き上がったら粗熱が取れるまでオーブン庫内で休ませる。

〔残ったら〕 小分けにしてラップで包み、冷蔵または冷凍する。薄切りやほぐしてから保存すると便利。
〔保存期間〕 冷蔵庫で5日、冷凍庫で1か月。

ローストチキンの
ブルーベリー添え >>>> p.30

材料（1人分）
絶品ローストチキン ……… 1枚
ブルーベリージャム ……… 適量
オリーブオイル ……… 適量

作り方
皿にローストチキンをのせてブルーベリージャムを
添え、オリーブオイルを回しかける。

棒棒鶏 >>>> p.31

材料（2人分）
絶品ローストチキン ………150g
きゅうり ……… 1/2本
ごまだれ
┌ 練りごま ……… 大さじ1と1/2
│ 醤油 ……… 大さじ1/2
│ はちみつ ……… 大さじ1/2
│ 米酢 ……… 大さじ1/2
│ 牛乳 ……… 大さじ1/2
└ 長ねぎのみじん切り ……… 大さじ1
ラー油 ……… 適宜

作り方
1. きゅうりはせん切りにし、ローストチキンは細切りにして皿に盛り合わせる。
2. ボウルにごまだれの材料を入れて混ぜ、1にかける。好みでラー油をかけてもよい。

鶏天冷やしうどん >>>>> p.32

材料（1人分）

絶品ローストチキン ……… 1/2 枚

天ぷら粉 ……… 適量

青海苔 ……… 小さじ 2

米油 ……… 適量

うどん（乾麺）……… 80 〜 100g

麺つゆ（かけうどんの濃度に薄めた
もの）……… 1 と 1/2 カップ

すだち ……… 1 個

青ねぎ ……… 2 本

作り方

1.　ローストチキンは皮を取り除き、5cm 幅に切る。麺つゆは冷やしておく。

2.　天ぷら粉は袋の表示通りに水（分量外）で溶き、青海苔を加えて混ぜる。

3.　2 の衣をローストチキンにまんべんなくまとわせる。

4.　小さめのフライパンに 1cm 深さの油を入れ、中火で熱する。3 を衣がカリッとする
　　まで裏返しながら全体を揚げ焼きし、油をきる。

5.　鍋に水を入れて沸騰させ、袋の表示通りにうどんを茹でる。ザルに上げて流水で
　　洗い、氷水で冷やす。

6.　器に水気をよくきったうどんを入れ、冷やした麺つゆをかける。薄切りにしたすだ
　　ち、小口切りにした青ねぎをのせ、鶏天を添える。

ミニトマトのスープ >>>>> p.33

材料（2人分）

絶品ローストチキン ……… 40g
ミニトマト ……… 5個
長ねぎ ……… 1/2本
貝割れ大根 ……… 1パック
水 ……… 2と1/2カップ

醤油 ……… 大さじ1
みりん ……… 大さじ1/2
塩 ……… 小さじ1/4
黒胡椒 ……… 適宜

作り方

1. ミニトマトはヘタを取り、半分に切る。長ねぎは斜め薄切り、貝割れ大根は根元を切り落とす。ローストチキンは細かく手で割く。
2. 1、分量の水、醤油、みりんを鍋に入れ、中火で熱する。ひと煮立ちさせて塩で味を調える。好みで黒胡椒をふってもよい。

りんごと春菊、チーズのサラダ >>>>> p.33

材料（2人分）

絶品ローストチキン ……… 50g
りんご ……… 1/6個
春菊 ……… 2株
カマンベールチーズ
　……… 1/2個（約50g）

ピーナッツ ……… 10g
白ワインビネガー ……… 小さじ1
オリーブオイル ……… 小さじ2
塩 ……… ひとつまみ

作り方

1. ローストチキンは食べやすい大きさに手で割く。りんごは皮付きのまま薄切りにする。春菊は葉を摘み、茎は食べやすい長さに切る。ピーナッツは粗く刻む。
2. 皿に1を盛り、カマンベールチーズをちぎり、ところどころにのせる。白ワインビネガー、オリーブオイルを回しかけて塩をふる。

Column 2

"根菜も一緒に"
おつまみにもぴったりな
「パリッとホロッと手羽先グリル」

「私、これを仕込んだら、お風呂に入っています」と先日読者の方から聞きました。そうなんです！とりあえず、これを作ると決めたらぐっと気が楽になるのです。手羽先を焼いている間に用事を済ませ、一段落したら料理ができているという嬉しさ。今回は、長芋とごぼうを使っていますが、パプリカやオクラなど、夏野菜もおすすめです。乾燥を防ぐためにオリーブオイルをかけるのもいいでしょう。

材料（2〜3人分）
手羽先 ……… 9本（約500g）
塩 ……… 5g（鶏肉の重量の1%）
ごぼう ……… 1/2本（約70g）
長芋 ……… 120g
マリネ液
 ┌ おろしにんにく ……… 2かけ分
 │ オリーブオイル ……… 大さじ2
 └ 日本酒 ……… 大さじ1

作り方
1. 手羽先は骨に沿って切り込みを入れ（a）、関節を外す（b）。ペーパータオルで水気をよくふき、塩をまぶす。
2. ボウルにマリネ液の材料を入れて混ぜる。1を加えて混ぜ、室温に15〜30分置く。
3. 長芋は5cm長さの拍子木切りにし、ごぼうは5cm長さに切り、食べやすい太さに切る。
4. 天板にオーブンシートを敷いて長芋とごぼうを並べ、その上に手羽先を皮目を上にしてのせる。ボウルに残ったマリネ液もかける。
5. 予熱なしのオーブンに入れる。オーブンの温度を230℃に設定し、30分焼く。

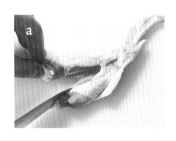

「醤油ローストチキン」 >>>> p.34

和風のローストチキンを作りたくてできたのがこのレシピ。まるで醤油ラーメンのような、なんともいえない食欲をそそる香りで、やわらかく焼き上がります。これさえあれば、メインはもちろん、お弁当にも便利な常備肉になります。私はおやつ代わりにつまんだり、加熱する料理に使う場合は最後に入れたり、さっと表面だけ温めるようにして使います。ビッグな唐揚げもあっという間にジューシーに作れますよ。

材料（作りやすい分量）
鶏むね肉 ……… 2 枚（約 600g）
マリネ液
 ┌ 醤油 ……… 大さじ 1/2
 │ 塩 ……… 5g
 │ 日本酒 ……… 大さじ 3
 │ おろしにんにく
 │ ……… 1/2 かけ分
 └ 白胡椒 ……… 適量

作り方
1. ボウルにマリネ液の材料を入れて混ぜる。
2. 鶏肉はペーパータオルで水気をふき、1 に加えて室温に 30 分置く。
3. オーブンシートを敷いた天板の上に網を重ねる。マリネ液をふかずに 2 をのせ、皮をピンと伸ばす。網がなければ、くしゃくしゃに丸めて広げたアルミホイルでもよい。
4. 予熱なしのオーブンに 3 を入れる。オーブンの温度を 100℃に設定し、90 分焼く。焼き上がったら粗熱が取れるまでオーブン庫内で休ませる。

〔 残ったら 〕
小分けにしてラップで包み、冷蔵または冷凍する。
薄切りにして保存すると便利。

〔 保存期間 〕
冷蔵庫で 5 日、冷凍庫で 1 か月。

77

チキンとレタスのカレーマヨネーズサラダ >>>>> p.34

材料（2人分）

醤油ローストチキン ……… 100g

レタス ……… 3枚

ドレッシング

　　マヨネーズ ……… 大さじ1

　　米酢 ……… 大さじ1

　　カレー粉 ……… 小さじ1

　　塩 ……… ひとつまみ

作り方

1. ボウルにドレッシングの材料を入れ、よく混ぜる。

2. 1のボウルに大きくちぎったレタス、醤油ローストチキンを食べやすい大きさに手で割きながら加え（a）、さっくり混ぜる。

スピード唐揚げ >>>>> p.35

材料（2人分）

醤油ローストチキン ……… 1枚

片栗粉 ……… 適量

米油 ……… 適量

ソース

　　スイートチリソース ……… 大さじ1

　　マヨネーズ ……… 大さじ1/2

レモンのくし形切り ……… 2個

作り方

1. 醤油ローストチキンは5cm角に切り、片栗粉をまんべんなくまぶす。

2. 小さめのフライパンに1cm深さの油を入れ、中火で熱する。1を入れ、全体を香ばしく揚げ焼きする。

3. 油をきって皿に盛り、合わせたソースとレモンを添える。

なすのとろとろ煮 >>>>> p.37

材料（2人分）

醤油ローストチキン ……… 100g
なす ……… 2本
水 ……… カップ1と1/2
日本酒 ……… 大さじ2

醤油 ……… 大さじ2
みりん ……… 大さじ2
片栗粉 ……… 大さじ1
三つ葉 ……… 適量

作り方

1. なすはヘタを切り落とし、縦半分に切る。皮目に斜めの切り目を細かく入れる。醤油ローストチキンは1cm幅に切る。
2. フライパンに皮目を下にしてなすを並べ、分量の水、酒、醤油、みりんを入れる。蓋をして中火で熱し、沸騰したら途中裏返して10分ほど蒸し煮にする。
3. なすを端に寄せ、片栗粉を薄くまぶしたローストチキンを加える。素早くフライパンを揺すりながらとろみをつける。皿に盛り、ざく切りにした三つ葉を添える。

にら鶏飯 >>>>> p.37

材料（1人分）

醤油ローストチキン ……… 50g
にら ……… 2本
温かいご飯 ……… 100g
水 ……… 2カップ
醤油 ……… 小さじ1

みりん ……… 小さじ1
塩 ……… 小さじ1/2弱
すりごま ……… 適量
おろしわさび ……… 適宜

作り方

1. にらは小口切りにし、醤油ローストチキンは細かく手で割く。
2. 鍋に分量の水、醤油、みりん、塩を入れ、中火で熱する。沸騰したらにらを加え、火を止める。
3. 器にご飯を盛り、ローストチキンをのせ、2を注ぐ。すりごまをふり、好みでおろしわさびを添えてもよい。

"唐揚げ用の鶏もも肉で" 手軽に作る 「鶏肉のしっとりコンフィ」

でき立てを食べると、うっとりするほどおいしいのですが、コンビーフのような、ツナのような、そんな洋風の保存食にもなります。お好みでローズマリーやローリエを入れても香り豊かに仕上がります。清潔なスプーンで具材だけを先にすくい上げ、残りのオイルと玉ねぎを撹拌すればスープの素に。一度作ると何度でもおいしい、コンフィです。

材料（2人分）
鶏もも肉（唐揚げ用）……… 400g
玉ねぎ ……… 1/2 個
にんにく ……… 2 かけ
塩 ……… 4g（鶏肉の重量の 1%）
オリーブオイル ……… 大さじ 1
白ワイン ……… 大さじ 1

作り方

1. 玉ねぎは 6 等分のくし形切りにし、にんにくは薄切りにする。鶏肉はペーパータオルで水気をよくふく。

2. オーブンで使える厚手の鍋に **1** と残りの材料を入れて混ぜる。野菜は鍋底に、鶏肉は皮目を下にして並べ直し、蓋をする。

3. 予熱なしのオーブンに入れる。オーブンの温度を 120℃に設定し、90 分加熱する。

鍋に残った肉汁と玉ねぎは「スープの素に」

ハンドミキサーで滑らかになるまで撹拌する（a）。撹拌すると乳化して白くなる（b）。冷えるとコラーゲンがかたまるので、スプーンですくってスープの素として使う。保存容器に移し、冷蔵庫で 1 週間、冷凍庫で 2 か月保存可能。

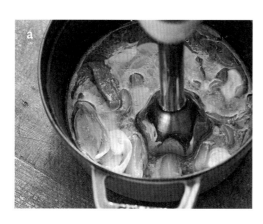

「パプリカローストチキン」 >>>> p.38

ケバブに入っているような、スパイシーなチキン。そんなイメージで作りました。真っ赤な見た目ですが、使用しているのはパプリカパウダーなので辛味はないのでご安心を。焼き上がったら、ステーキのように食べてもよいですし、保存袋に入れて上から潰すようにほぐしておくととっても便利。生野菜に混ぜてサラダにしたり、ただパンにたっぷり挟むだけでもごちそうになります。レトルトカレーなんかにのせるのもお気に入りです。

材料（作りやすい分量）
鶏むね肉 ……… 2枚（約600g）
マリネ液
    塩 ……… 6g（鶏肉の重量の1%）
    オリーブオイル ……… 小さじ3
    プレーンヨーグルト ……… 大さじ5
    おろしにんにく ……… 2かけ分
    パプリカパウダー ……… 小さじ3
    クミンパウダー ……… 小さじ1/2

作り方
1. ボウルにマリネ液の材料を入れて混ぜる(a)。
2. 鶏肉はペーパータオルで水気をふく。1に加えて混ぜ（b）、室温に30分置く。
3. オーブンシートを敷いた天板の上に網を重ねる。マリネ液をふかずに2をのせ、皮をピンと伸ばす（c）。網がなければ、くしゃくしゃに丸めて広げたアルミホイルでもよい。

4. 予熱なしのオーブンに **3** を入れる。オーブンの温度を 100℃に設定し、90 分焼く。焼き上がったら粗熱が取れるまでオーブン庫内で休ませる。

c

〔 残ったら 〕
小分けにしてラップで包み、冷蔵または冷凍する。
薄切りやほぐしてから保存すると便利。

〔 保存期間 〕
冷蔵庫で 5 日、冷凍庫で 1 か月。

レモンピラフプレート >>>>> p.39

材料（2～3人分）
パプリカローストチキン ……… 60g
レモンライス
  米 ……… 2合（研いでおく）
  レモンスライス ……… 5枚
  長ねぎの粗みじん切り ……… 1本分

ナンプラー ……… 大さじ2
日本酒 ……… 大さじ2
パクチー ……… 適量

作り方
1. レモンライスを作る。米は洗ってザルに上げ、30分ほど置く。
2. 炊飯器の内釜に米、ナンプラー、酒を入れ、内釜の表示通りの水（分量外）を加えてひと混ぜする。長ねぎをのせ、普通モードで炊き、蒸らし途中にレモンスライスをのせる。
3. パプリカローストチキンは1cm幅に切る。
4. 皿にレモンライスとローストチキンを盛り合わせ、ちぎったパクチーを添える。

チキンコールスロー >>>>> p.40

材料（2人分）
パプリカローストチキン ……… 40g
キャベツ ……… 4枚
米酢 ……… 小さじ2

粒マスタード ……… 小さじ1弱
塩 ……… 小さじ1

作り方
1. キャベツはせん切りにし、耐熱容器に入れる。ラップなしで600Wの電子レンジで1分半加熱する。
2. 1の水気を軽くきり、ボウルに入れる。細かく手で割いたパプリカローストチキン（a）、酢、粒マスタード、塩を加えて混ぜる。

レンズ豆とパセリのサラダ >>>>> p.40

材料（2人分）

パプリカローストチキン ……… 60g

レンズ豆（乾燥）……… 50g

ミニトマト ……… 5個

パセリのみじん切り ……… 大さじ1強

オリーブオイル ……… 大さじ1

米酢 ……… 大さじ1/2

塩 ……… 小さじ1/4

作り方

1. レンズ豆はさっと洗う。鍋にレンズ豆と被る程度の水を入れて中火で熱し、沸騰したら弱火にする。好みのかたさになるまで茹でたら、ザルに上げて水気をきる。

2. ミニトマトはヘタを取り、4等分のくし形切りにする。パプリカローストチキンは細かく手で割く。

3. ボウルに1、2、パセリ、オリーブオイル、酢、塩を入れ、よく混ぜる。

チキンピタサンド

>>>>> p.41

材料（2個分）

パプリカローストチキン ……… 60g

ピタパン ……… 1枚

フリルレタス（またはキャベツの
　せん切り）……… 2枚

トマト ……… 1/2個

赤玉ねぎ ……… 1/8個

ソース

　マヨネーズ ……… 大さじ1

　トマトケチャップ ……… 大さじ1/2

　タバスコ ……… 3ふり

作り方

1. フリルレタスは洗い、水気をよくふく。トマトは1cm幅の輪切りにし、赤玉ねぎは薄切りにする。パプリカローストチキンは大きく手で割く。ソースの材料は混ぜる。

2. ピタパンを半分に切って開く。具材にソースをかけながら、ピタパンにいっぱいになるまで詰め、最後にまたソースをかける。

"クリスマスに"
骨付きもも肉で「ローストチキン」

クリスマスに食べたくなる骨付きの鶏もも肉。4人家族の我が家では2本買って、切り分けてシェア。意外とリーズナブルなのに、見た目が華やかになるので、普段でも購入しています。火の通りが心配な方は身と骨の間に切れ目を入れても。洋風な見た目ですが、香川県名物の「骨付き鶏」を思い出しながら作ったので、にんにくと黒胡椒を効かせたパンチのある味つけです。ご飯やパン、たっぷりの野菜とぜひ召し上がってください。

材料（2〜3人分）

鶏もも肉（骨付き）

　　……… 2本（約600g）

マリネ液

　おろしにんにく ……… 1かけ分

　オリーブオイル ……… 大さじ1

　日本酒 ……… 大さじ1

　塩 ……… 6g（鶏肉の重量の1%）

　黒胡椒 ……… 小さじ1

にんじん ……… 1本

りんご ……… 1個

ローズマリー ……… 3枝

作り方

1. 鶏肉はペーパータオルで水気をよくふく。マリネ液の材料を混ぜ、鶏肉にまぶしてもみ込み、室温に40分置く。

2. にんじんは皮付きのまま1〜2cm幅の輪切り、りんごは皮付きのまま4等分のくし形切りにし、芯と種を取る。

3. 天板にオーブンシートを敷き、にんじん、りんご、ローズマリーをのせる。その上に網を重ね、網の上に皮目を上にして鶏肉をのせる。

4. 予熱なしのオーブンに3を入れる。オーブンの温度を180℃に設定し、70分焼く。焼き上がったら粗熱が取れるまでオーブン庫内で休ませる。

「絶品ローストビーフ」 >>>>> p.42

ローストビーフは大好物なのに、いつも作り方が定まらず、どのレシピがよいのか迷子でした。今はもう、この作り方一択。気負わず、ストレスなく作れるローストビーフです。醤油に漬け込みますが、洋風に召し上がれます。お正月、クリスマス、おもてなしにもぴったり。しっかりとした赤身肉を使うとヘルシーな「常備肉」にもなります。忙しいときに、冷蔵庫にローストビーフがあると思うと嬉しいものです。

材料（作りやすい分量）
牛もも肉または牛肩ロース肉（ブロック）……… 400g
漬けだれ
┌ 醤油 ……… 大さじ 3
│ オリーブオイル ……… 大さじ 1
└ おろしにんにく ……… 1/4 かけ分（手頃な牛肉の場合は 1/2 かけ分）
米油 ……… 大さじ 1/2

作り方
1. 牛肉は室温に 15 ～ 30 分戻し、ペーパータオルで水気をよくふく。
2. 1 をオーブンで使える厚手の鍋または耐熱容器に入れる（鍋などに肉をじかに入れても焼いているうちに肉汁が少し出るので、鍋につかない）。
3. 予熱なしのオーブンに 2 を入れる。オーブンの温度を 100℃に設定し、35 分焼いたら裏返してさらに 35 分焼く。焼き上がったら粗熱が取れるまでオーブン庫内で休ませる。
4. 牛肉を取り出し、アクと肉汁をペーパータオルでふく。
5. ポリ袋に牛肉と漬けだれの材料を入れる。なじませるように漬けだれを混ぜ、空気を抜いて口を縛る。
6. 冷蔵庫に入れ、1 ～ 2 日漬け込む（4 日まで漬け込んでもよい）。

〔 食べる直前 〕
1. ペーパータオルで汁気をふく。フライパンに油を入れ、強火で熱する。牛肉を入れ、はねるので注意しながら全面をさっと香ばしく焼きつける。
2. すぐにフライパンから取り出し、表面が触れる温度になったら薄切りにする。
3. 皿に盛り、好みで漬けだれをかけてもよい。

〔 残ったら 〕
漬けだれに戻して保存するか、小分けにしてラップで包み、冷蔵または冷凍する。
薄切りにして保存すると便利。

〔 保存期間 〕
冷蔵庫で5日、冷凍庫で1か月。

ローストビーフ マッシュポテト添え >>>>> p.42

材料（2人分）

絶品ローストビーフ ……… 150g

マッシュポテト

じゃがいも
……… 大2個（約300g）

牛乳 ……… 1/2 カップ

バター ……… 20g

塩 ……… 小さじ 1/4

クレソン ……… 適量

漬けだれ ……… 適量

わさび醤油 ……… 適宜

作り方

1. マッシュポテトを作る。じゃがいもは皮をむき、1cm 幅の輪切りにする。鍋にじゃがいも、被る程度の水を入れ、中火で熱する。沸騰したら 10 分ほど茹でる。

2. じゃがいもに菜箸を刺し、崩れるほどやわらかくなったら、湯を捨てて弱火にし、水気を飛ばして粉吹き芋にする。

3. 2 に牛乳、バター、塩を加え、ゴムベラなどで滑らかになるまで潰す。

4. ローストビーフは薄切りにする。皿に盛り、クレソンとマッシュポテトを添える。ローストビーフに漬けだれをかけ、ローストビーフでマッシュポテトを巻いて食べる。好みでわさび醤油につけて食べてもよい。

タリアータ >>>>> p.43

材料（2人分）

絶品ローストビーフ ……… 150g

バルサミコソース

バルサミコビネガー
……… 大さじ 2

はちみつ ……… 大さじ 2

塩 ……… ひとつまみ

ルッコラ ……… 適量

パルミジャーノ・レッジャーノ
……… 適量

オリーブオイル ……… 適量

黒胡椒 ……… 適量

作り方

1. ルッコラは半分の長さに切り、ローストビーフは薄切りにして皿に盛る。

2. フライパンにバルサミコソースの材料を入れ、中火で熱する。沸騰させて酸味が飛び、ねっとりとしてきたら火を止める。

3. 1 にバルサミコソースとオリーブオイルを回しかける。薄く削ったパルミジャーノ・レッジャーノをのせ、黒胡椒をたっぷりふる。

肉寿司 >>>>> p.44

材料（5貫分）
絶品ローストビーフ（スライス）
　　…… 5枚
酢飯* …… 100g
小ねぎ …… 1/2本
練りからし …… 適量
醤油 …… 適量

作り方
1. 酢飯は5等分にし、ラップで包んで小さい俵形にする。
2. 1にローストビーフをのせる。小口切りにした小ねぎを散らし、練りからしと醤油を添える。

*寿司酢がない場合は米酢1/4カップ、砂糖大さじ1と1/2、塩小さじ1を混ぜて
寿司酢を作り、小さじ1と1/2を炊き立てのご飯100gに混ぜる。

ローストビーフ丼 >>>>> p.45

材料（2人分）
絶品ローストビーフ（スライス）
　　…… 3〜4枚
卵黄だれ
　　┌ 卵黄 …… 1個分
　　└ 醤油 …… 小さじ1
温かいご飯 …… 150g
おろしわさび …… 適量

作り方
1. ボウルに卵黄だれの材料を入れて混ぜ、ローストビーフを加えて和える。
2. 器にご飯を盛り、1をのせておろしわさびを添える。

青じそローストビーフサンド >>>>> p.45

材料（2人分）
絶品ローストビーフ
　（スライス）…… 6枚
食パン（10枚切り）…… 4枚
青じそ …… 2枚
きゅうり …… 1本
バター …… 10g（小さじ2強）
マヨネーズ …… 5g（小さじ1強）
練りからし …… 2g（小さじ1/2弱）

作り方
1. バターは室温に戻し、マヨネーズ、練りからしと混ぜる。
2. きゅうりは長さを半分に切り、薄切りにする。
3. 食パン2枚の片面に1を塗り、青じそ、きゅうり、ローストビーフ、残りの食パンを重ねる。
4. ラップで巻き、冷蔵庫で10分ほど置く。
5. ラップを巻いたまま耳を切り落とし、好みの大きさに切り分ける。

「発酵ローストビーフ」 >>>>> p.46

これはぜひ作っていただきたい！味噌と甘酒でかんたんにこっくりと手の込んだ味に仕上がります。肉質もやわらかくなり、漬けだれの染み込みもよいです。私の中でちょっと驚きのおいしさだったのが「青椒肉絲」。これからは発酵ローストビーフを作ったら、必ず余らせて作ろうと決めています。

材料（作りやすい分量）
牛もも肉または牛肩ロース肉（ブロック）……… 400g
漬けだれ
┌ 味噌 ……… 大さじ 2
│ 甘酒 ……… 大さじ 2
└ オリーブオイル ……… 大さじ 1

作り方
1. 牛肉は室温に 15 〜 30 分戻し、ペーパータオルで水気をよくふく。
2. **1** をオーブンで使える厚手の鍋または耐熱容器に入れる（鍋などに肉をじかに入れても焼いているうちに肉汁が少し出るので、鍋につかない）。
3. 予熱なしのオーブンに **2** を入れる。オーブンの温度を 100℃に設定し、35 分焼いたら裏返してさらに 35 分焼く。焼き上がったら粗熱が取れるまでオーブン庫内で休ませる。
4. 牛肉を取り出し、アクと肉汁をペーパータオルでふく。
5. ポリ袋に牛肉と漬けだれの材料を入れる。なじませるように漬けだれを混ぜ、空気を抜いて口を縛る。
6. 冷蔵庫に入れ、1 〜 2 日漬け込む（4 日まで漬け込んでもよい）。
7. 食べる直前にペーパータオルで汁気をふき、薄切りにする。

〔 残ったら 〕
漬けだれに戻して保存するか、小分けにしてラップで包み、冷蔵または冷凍する。
薄切りにして保存すると便利。

〔 保存期間 〕
冷蔵庫で 5 日、冷凍庫で 1 か月。

ユッケ風 >>>>> p.46

材料（2人分）

発酵ローストビーフ ……… 80g

卵黄 ……… 1個分

青じそ ……… 1枚

すりごま ……… 適量

黒胡椒 ……… 適宜

たれ

　　┌ 発酵ローストビーフの漬けだれ ……… 小さじ 4
　　│ コチュジャン ……… 小さじ 1/2
　　│ 醤油 ……… 小さじ 1/2
　　│ ごま油 ……… 小さじ 1/2
　　└ おろしにんにく ……… 少々

作り方

1.　発酵ローストビーフは細切りにする。

2.　ボウルにたれの材料を入れて混ぜ、1 を加えて和える。

3.　皿に青じそをのせ、2 を盛って卵黄をのせる。すりごま、好みで黒胡椒をふる。

エスニックビーフサラダ >>>>> p.47

材料（2人分）
発酵ローストビーフ ………70g
セロリ ……… 1/5 本
セロリの葉 ……… 1/2 本分
赤玉ねぎ ……… 1/4 個
ドレッシング
    砂糖 ……… 大さじ 1/2
    ナンプラー ……… 大さじ 1/2
    米酢 ……… 大さじ 1 と 1/2

作り方
1. セロリは斜め薄切りにし、葉は食べやすい大きさにちぎる。赤玉ねぎと発酵ローストビーフは薄切りにする。
2. ボウルにドレッシングの材料を入れて混ぜ、1 を加えて和える。

ローストビーフと玉ねぎの柚子胡椒マリネ >>>>> p.48

材料（2人分）
発酵ローストビーフ ……… 60g
玉ねぎ ……… 1 個
オリーブオイル ……… 大さじ 1
みりん ……… 大さじ 1
醤油 ……… 大さじ 1/2
柚子胡椒 ……… 小さじ 1/2

作り方
1. 玉ねぎは 8 等分のくし形切りにする。発酵ローストビーフは薄切りにする。
2. フライパンにオリーブオイルを入れ、中火で熱して玉ねぎを炒める。
3. みりん、醤油、柚子胡椒を加えて炒める。煮詰めたら、ローストビーフを加えてさっと混ぜて火を止める。

青椒肉絲 >>>>> p.49

材料（2人分）
発酵ローストビーフ ……… 100g
ピーマン ……… 2 個
オイスターソース ……… 大さじ 1/2
片栗粉 ……… 大さじ 1/2
米油 ……… 大さじ 1/2
黒胡椒 ……… 適宜

作り方
1. ピーマンはヘタと種を取り、細切りにする。発酵ローストビーフは 7mm 角の細切りにする。
2. ボウルにオイスターソースと片栗粉を入れて混ぜ、ローストビーフを加えて和える(a)。
3. フライパンに油とピーマンを入れて強めの中火で熱し、色が変わる程度にさっと炒める。
4. ピーマンを端に寄せ、ローストビーフを加えて炒める。色が変わったら、ピーマンとさっと炒め合わせ（b）、火を止める。皿に盛り、好みで黒胡椒をふってもよい。

今井真実

料理家。 兵庫県神戸市出身。 note でのレシピやエッセイ、X（旧 Twitter）での発信が幅広い層に共感を得る。「作った人が嬉しくなる料理を」をモットーに、 雑誌、ウェブ、 企業広告など、 様々な媒体でレシピの制作、 執筆を行う。 身近な食材、意外な組み合わせなど、 新しい発見を見出す個性的な料理は、何度も作りたくなる、やがて我が家の定番になると、 多くの支持を受ける。 また長年にわたり、 料理教室を主宰。『フライパンファンタジア 毎日がちょっと変わる 60 のレシピ』（家の光協会）、『今井真実のときめく梅しごと』（左右社）など著書も多数。

Note : @note.com/imaimami

X : @imaimamigohan

PHOTOGRAPH　今井裕治
STYLING　来住昌美
DESIGN　米持洋介　（case）
COOKING ASSISTANT　野島二郎　（野島商店）
EDITING　小池洋子　（グラフィック社）

撮影協力

● 東芝ライフスタイル株式会社　商品に関するお問合せ先：0120-1048-76　Homepage : @ toshiba-lifestyle.com
● ツヴィリング J.A. ヘンケルスジャパン株式会社　商品に関するお問合せ先：0120-75-7155
● 株式会社デニオ総合研究所　商品に関するお問合せ先：03-6450-5711　Homepage : @zwilling.com/jp/staub
● ミート・アンド・ライブストック・オーストラリア　Homepage : @aussiebeef.jp

拍子抜けするほどかんたんなのに、絶品"常備肉"
低温オーブンの肉料理

2023 年 11 月 25 日　初版第 1 刷発行
2024 年 4 月 25 日　初版第 2 刷発行

著　　者　　今井真実

発行者　　西川正伸
発行所　　株式会社グラフィック社
　　　　　〒 102-0073 東京都千代田区九段北 1-14-17
　　　　　tel. 03-3263-4318（代表）03-3263-4579（編集）
　　　　　郵便振替 00130-6-114345
　　　　　http://www.graphicsha.co.jp

印刷・製本　図書印刷株式会社